Mein Zaubermalbuch

Kinderwelt

Text: Valérie De Montchoisy

Illustrationen: Laurent Audouin

TANDEM
VERLAG

HINWEISE

Wie benutzt du dieses Buch?

Das Malbuch bietet dir zehn lustige Bilder in tollen Farben zum Abzeichnen und Ausmalen.

Jede Vorlage zeichnest du in vier Schritten ab:

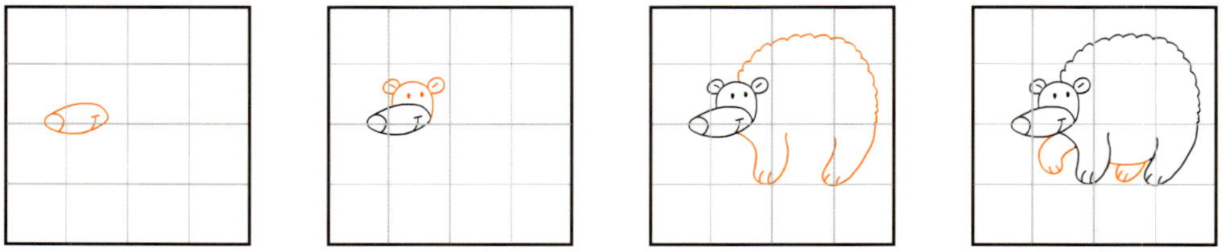

Für deine Zeichnung findest du auf jeder Doppelseite ein großes Quadrat mit Gitternetzlinien, die dir dabei helfen, Lage und Größenverhältnisse des Motivs richtig wiederzugeben.

Bei jedem Schritt kommen einige neue Linien hinzu, die rot eingezeichnet sind.

Nach dem vierten Schritt ist dein Bild fertig, und du kannst es in deinen Lieblingsfarben ausmalen.

In dem großen Quadrat, in dem du dein Bild zeichnest, siehst du einige Dinge mit grauen Linien angedeutet: Du kannst sie nachmalen, oder du fügst andere Bestandteile in dein Bild ein. Laß deiner Phantasie einfach freien Lauf!

Am besten nimmst du zum Malen einen Filzstift. Mit einem trockenen Lappen kannst du dann alles wieder wegwischen – und so oft probieren, wie du möchtest. Du kannst auch ein Blatt Papier mit großen Kästchen versehen und die Vorlage darauf abzeichnen. Und nun viel Spaß mit diesem pfiffigen Malbuch!

Titel der Originalausgabe: Ma Journée © Éditions Nathan, Paris, France für die erste Ausgabe in französischer Sprache; Covergestaltung: Marlies Müller; Übersetzung aus dem Französischen: Regine Schumacher; Genehmigte Sonderausgabe

ÜBERSICHT

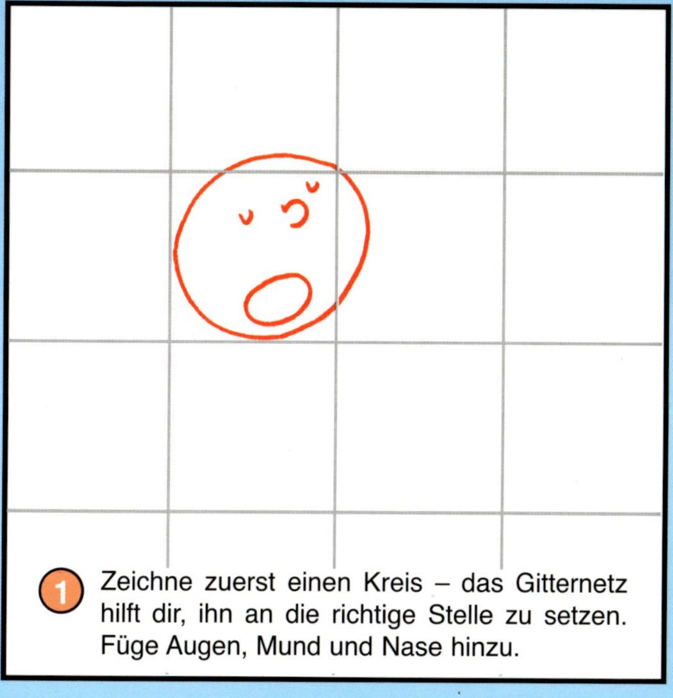

Zeichne zuerst einen Kreis – das Gitternetz hilft dir, ihn an die richtige Stelle zu setzen. Füge Augen, Mund und Nase hinzu.

Male dann die Ohren und die Haare. Auch eine Reihe Zähne solltest du nicht vergessen.

Das Aufwachen

Wie schwer ist es aufzustehen, wenn der Wecker klingelt. Aber schnell springt man aus dem Bett, sobald der Duft von Brötchen aus der Küche dringt.

3 Achte genau auf die Vorlage, wenn du Körper, Arme und Hände abzeichnest.

4 Nur noch einige Linien, und schon hast du das Kissen und die Tropfen gezeichnet.

5 Vor dem Ausmalen kannst du die Bettdecke noch mit einem Muster versehen, vielleicht mit Raketen und Sternen?

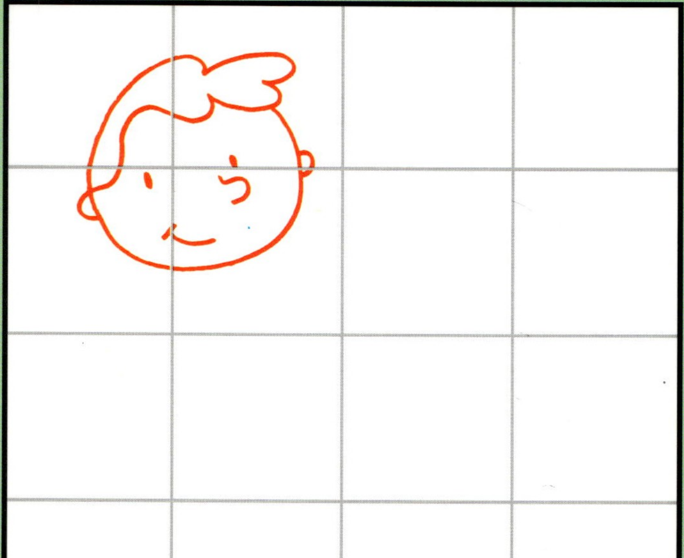

1 Für den Kopf zeichnest du einen Kreis, der in die Haare übergeht. Ergänze die Nase, den Mund, die Augen und die Ohren.

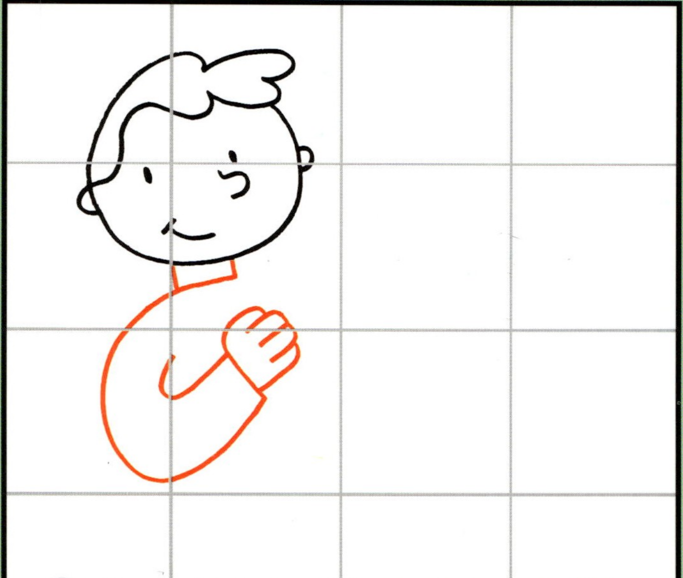

2 Nun malst du den Hals, zwei gebogene Linien für den rechten Arm und dann die Hand.

Das Frühstück

Ein gutes Frühstück am Morgen ist sehr wichtig: Milch und ein paar ordentliche Butterbrote – das braucht man, um groß zu werden.

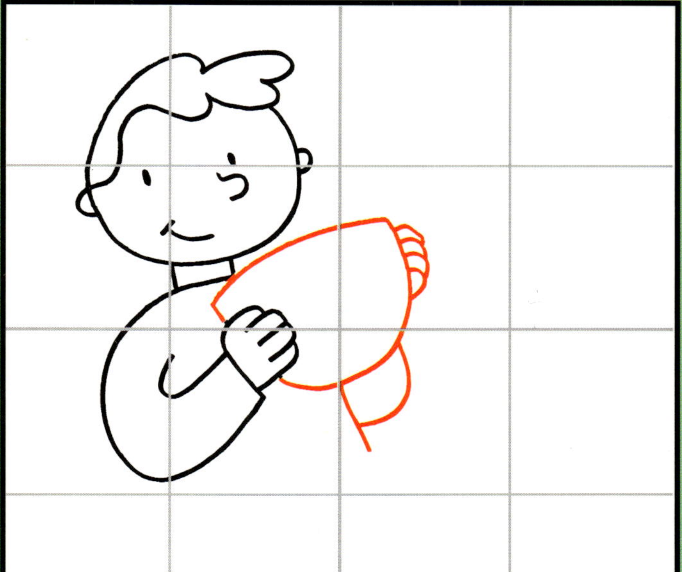

3 Die Milchschale fügst du hinzu, bevor du den linken Arm und die linke Hand abzeichnest.

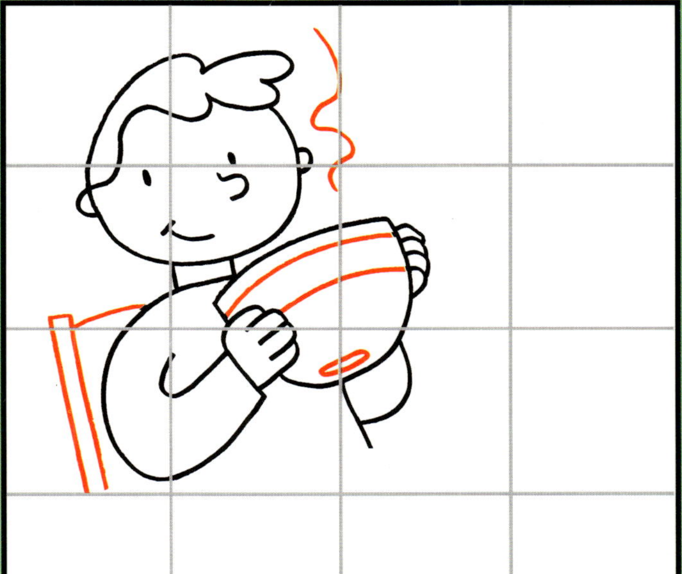

4 Ergänze noch ein paar Einzelheiten: den Stuhl, Dampf und ein Muster auf der Schale.

5 **Du könntest auch noch einen Topf mit deiner Lieblingsmarmelade auf den Tisch stellen, bevor du das Bild farbig ausmalst.**

Der Schulweg

Auf dem Weg zur Schule kann man laufen, sprechen, singen, lachen. Welche Freude ist es, dabei jeden Morgen seine Freunde wiederzusehen!

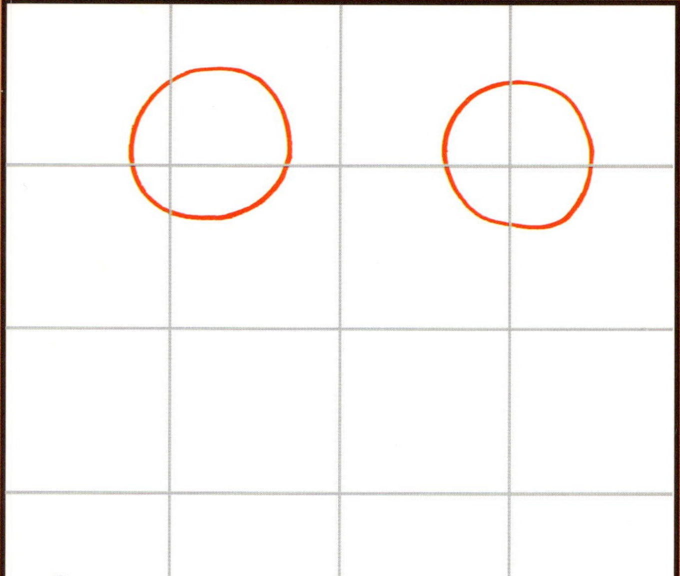

1 Zeichne zwei Kreise für die Köpfe.

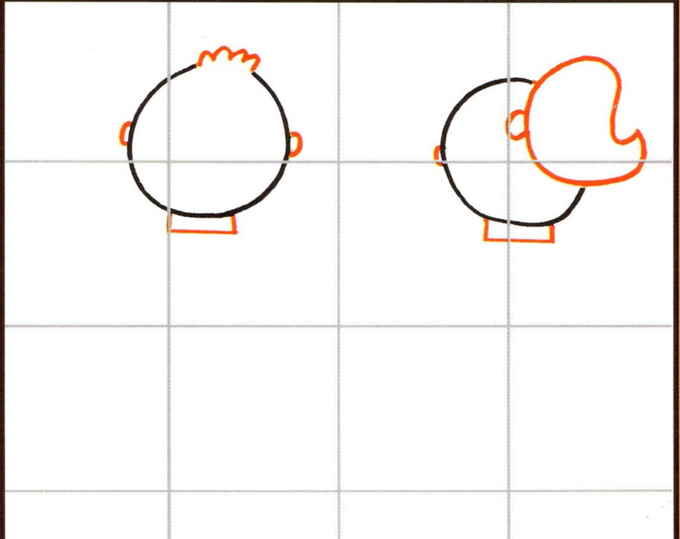

2 Ergänze eine kurze Strähne beim Jungen, einen Pferdeschwanz, Ohren und Hälse; die überflüssigen Linien wischst du weg.

Die Lehrerin

Heute hält die Lehrerin eine Stunde über das Thema „Leben auf dem Land“. Zu Beginn zeigt sie den Kindern die Tiere auf dem Bauernhof.

1. Du beginnst mit einem Halbkreis für die Kopfform. Füge einen Punkt als Auge und zwei kurze Striche für den Mund hinzu.

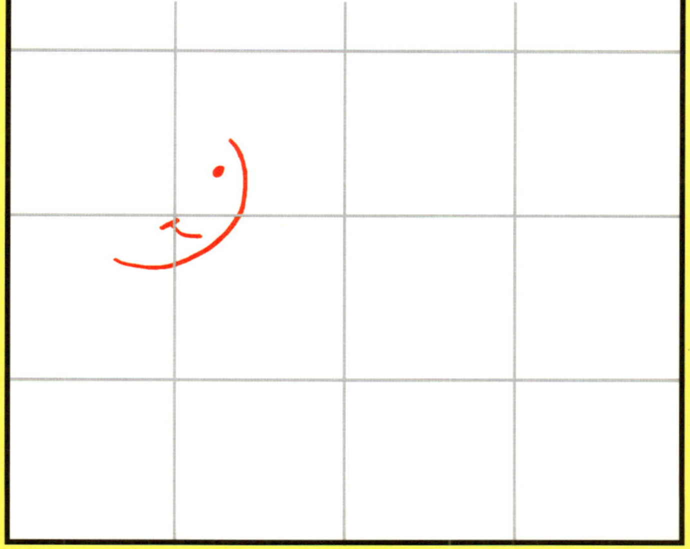

2. Folge der Vorlage, um Haare, Augenbrauen und Nase zu zeichnen – nicht die Ohren vergessen!

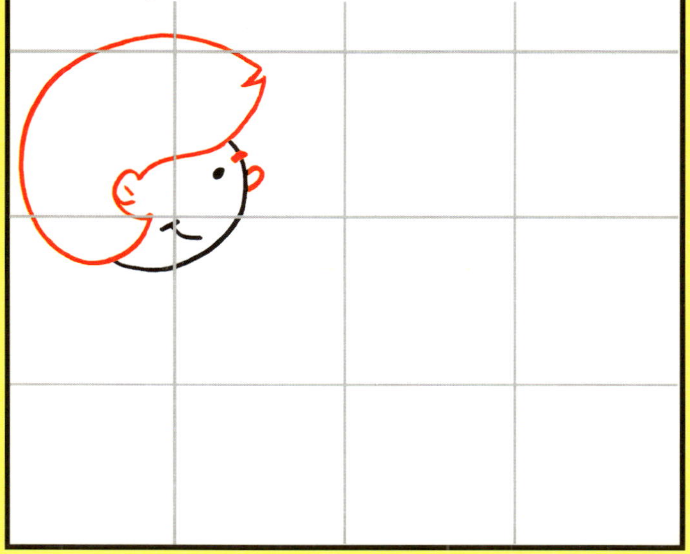

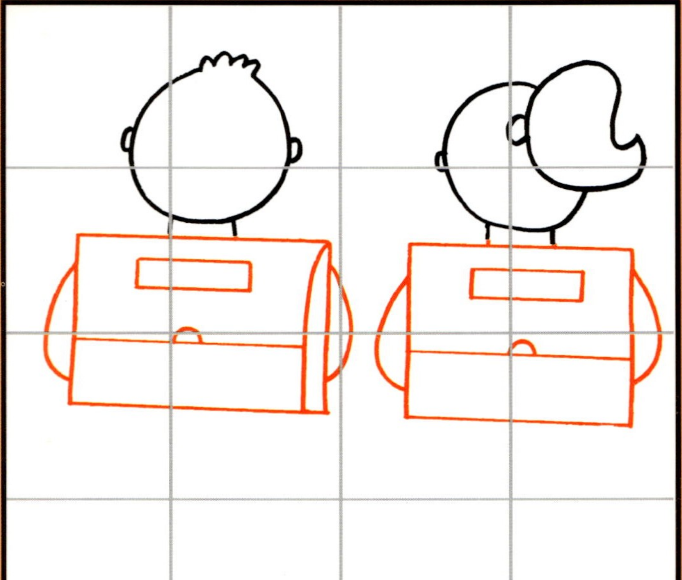

3 Zeichne die Schulranzen nach der Vorlage ab, dann füge an jeder Seite die Arme hinzu.

4 Jetzt mußt du nur noch Beine und Füße malen.

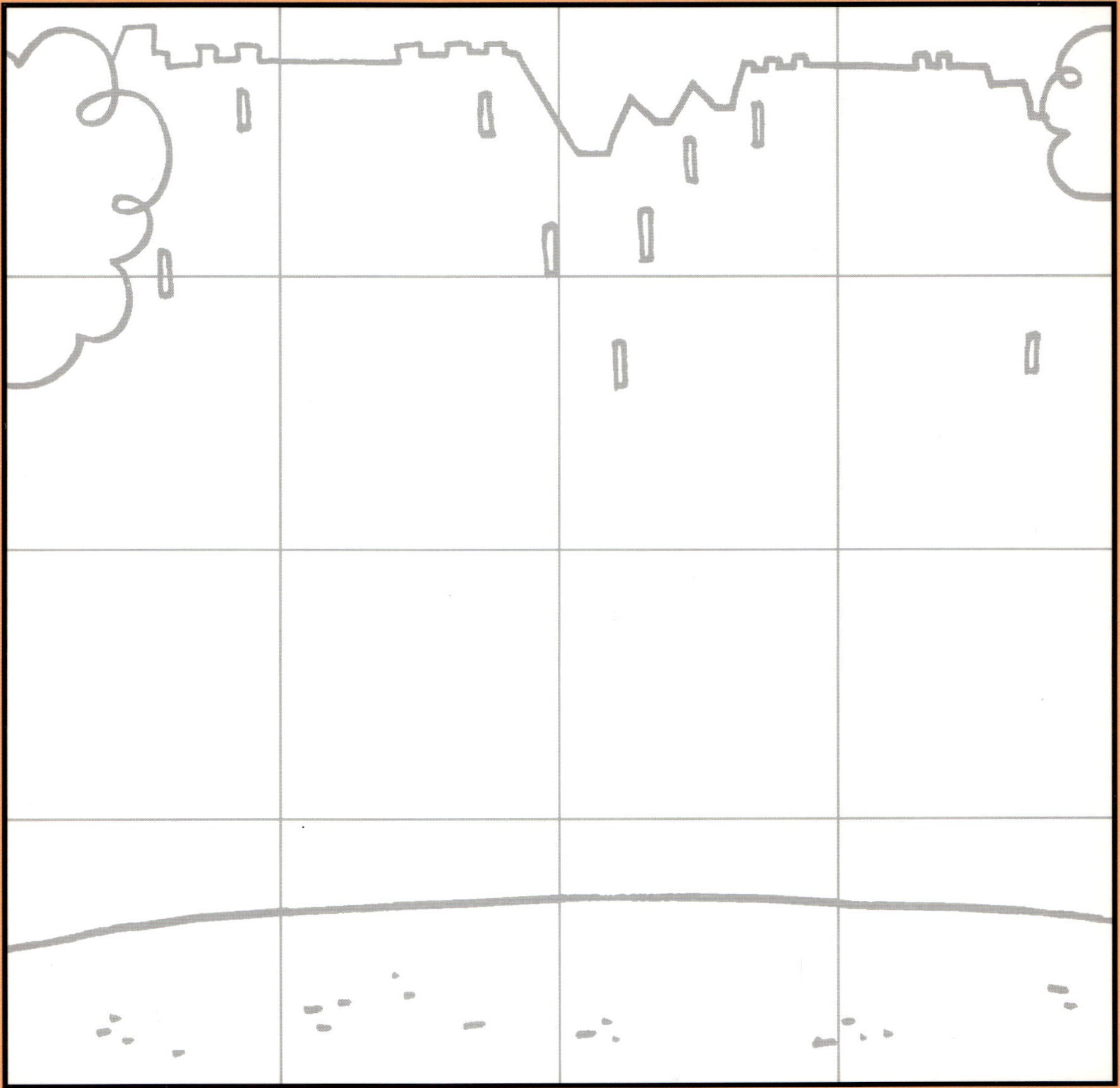

5 **Kleide die Kinder so, wie es dir gefällt, male das Bild in bunten Farben aus – und fertig ist es!**

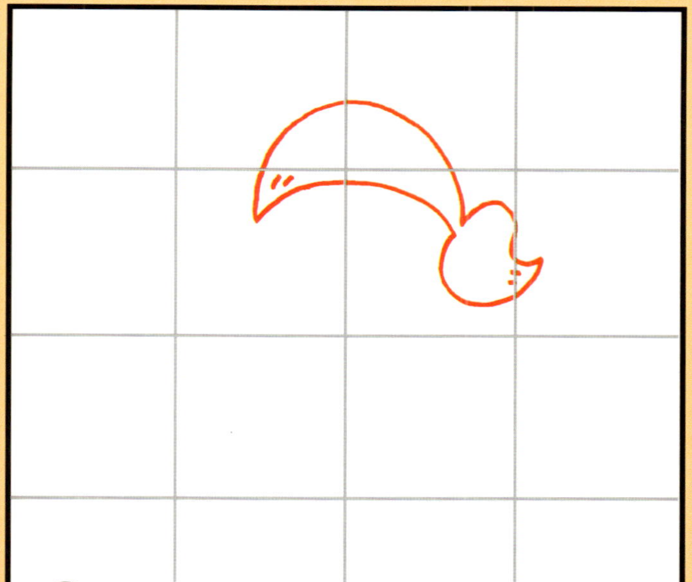

1 Zeichne die Haare wie in der Vorlage, und richte dich dabei nach dem Gitternetz.

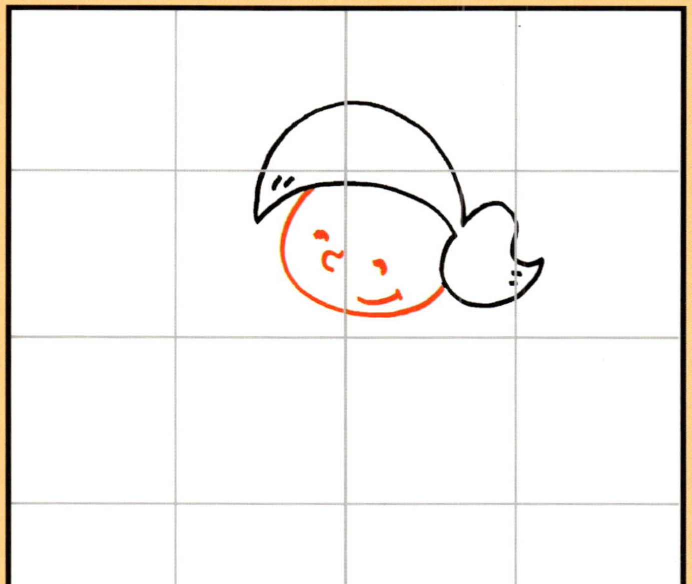

2 Male für das Gesicht einen Halbkreis, dann zeichne Augen, Mund und Nase ein.

Die Pause

Während der Pause spielt Kathrin auch mit den Jungen. Sie hat vor nichts Angst – weder vor Rangeleien noch vor harten Bällen.

3 Male den Hals und dann ein großes umgekehrtes U für das Kleid. Denke dabei auch an den Ärmel.

4 Zuletzt ergänzt du noch den Arm, die Hand und den Zeigestock der Lehrerin.

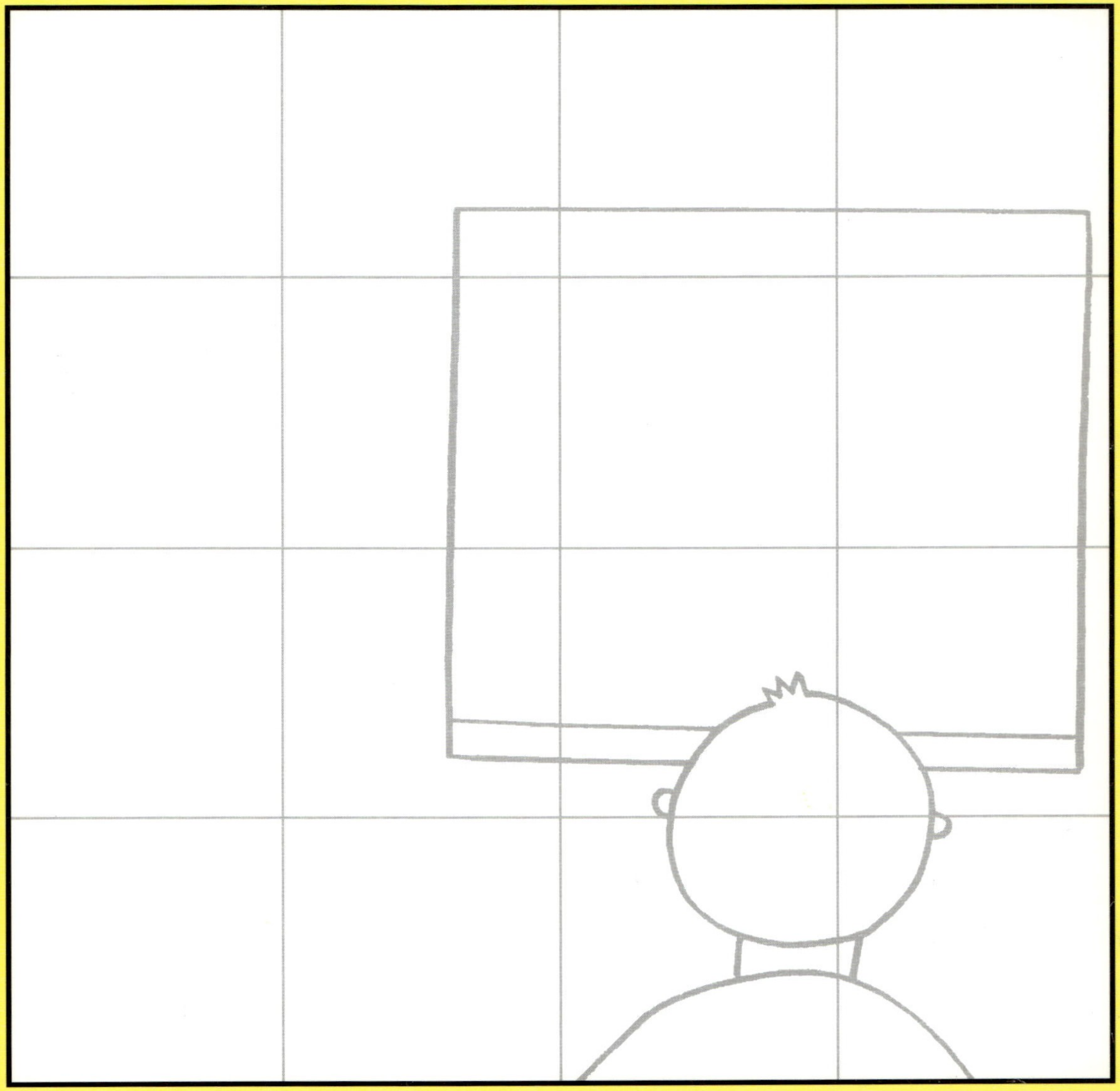

5 Für die Tafel denkst du dir selbst ein wunderschönes Bild aus – und dann malst du das Ganze aus.

3 Nun malst du den Pullover ab – wie im Gitternetz. Ergänze Arme und Hände.

4 Zu guter Letzt folgen noch die Beine und die Füße.

5 **In der Pause ist immer etwas los! Male den Schulhof in bunten, strahlenden Farben aus.**

Die Turnstunde

Martin turnt am liebsten an den Ringen. Später möchte er ein berühmter Turner werden und an den Olympischen Spielen teilnehmen.

1 Zeichne zuerst den Kreis des Gesichts, dann Augen, Nase und Mund.

2 Ergänze die Ohren, den Hals und die Haare; achte beim Sporthemd auf die Vorlage.

3 Zuerst solltest du Arme und Hände anfügen, anschließend dann die Ringe.

4 Hose, Söckchen und Sportschuhe – in dieser Reihenfolge zeichnest du den Rest ab.

5 Bevor du die Turnhalle ausmalst, könntest du das Sporthemd noch mit einem Abzeichen versehen – denk dir einfach eins aus!

Der Geburtstag

An deinem Geburtstag kannst du dir eine Torte aussuchen: Schokolade, Erdbeere oder vielleicht Apfel? Nur bei der Zahl der Kerzen hast du keine Wahl.

1 Die Form des Kuchens ist ein Rechteck. Zeichne es in das Gitternetz ein.

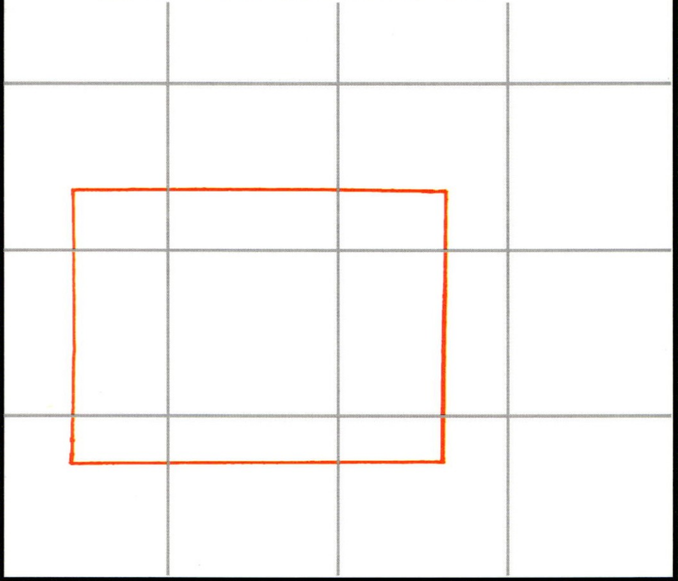

2 Mit einigen Linien zeigst du die verschiedenen Schichten der Torte: mit zwei geraden die Marmelade, mit einer wellenförmigen die Sahne.

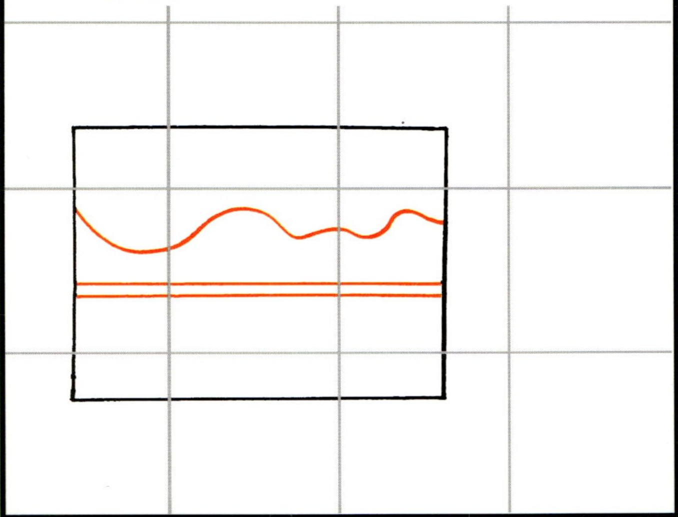

3 Zu jeder Geburtstagstorte gehören schöne Kerzen.

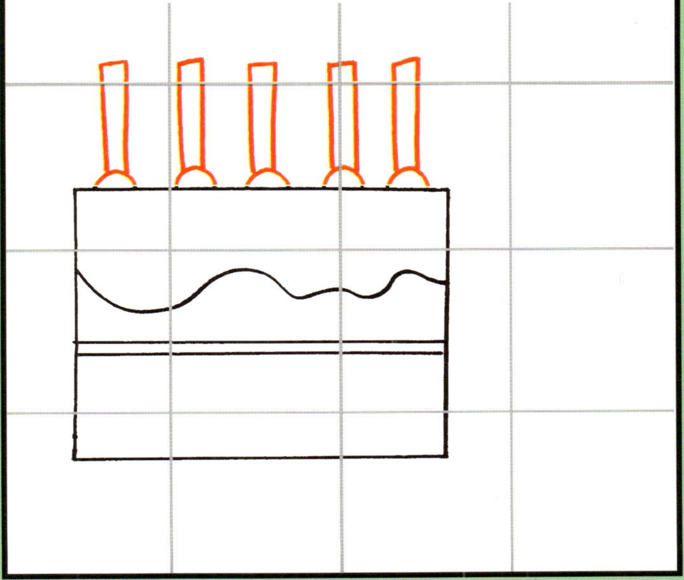

4 Ergänze die Flammen, drei Kirschen und den Teller.

5 Was für ein leckerer Kuchen! Er wird noch besser, wenn du ihn in köstlichen Farben ausmalst!

Das Rotkehlchen

Jeden Nachmittag setzt sich ein Rotkehlchen auf das Fensterbrett. Hast du Hunger, mein kleiner Vogel? Schließlich ist es jetzt Zeit für Kaffee und Kuchen.

1 Beginne mit dem Kopf des Rotkehlchens; er ähnelt einem Halbmond.

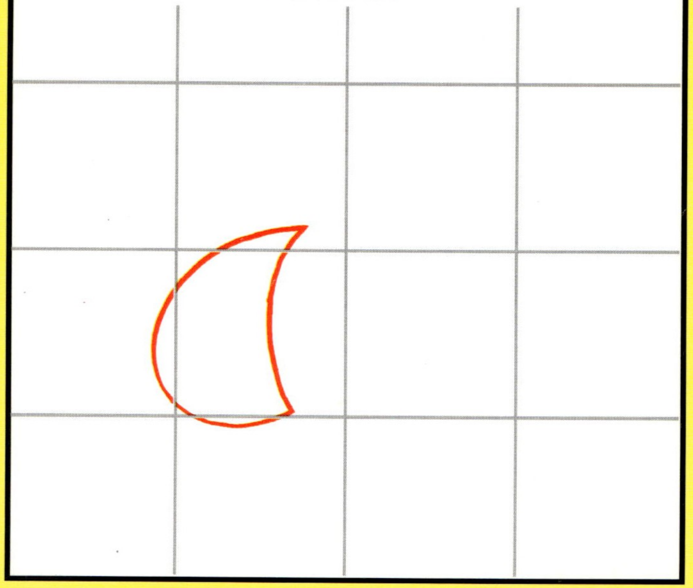

2 Direkt an den Kopf anschließend, zeichnest du den Körper – wie einen abgeflachten Kreis.

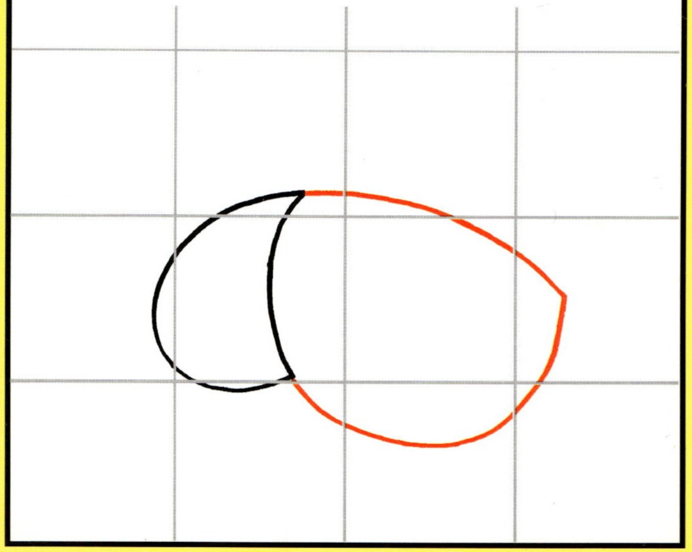

3 Zeichne für den Flügel eine gebogene Linie ein, die sich auch durch den Kopf zieht. Dann ergänzt du ein Auge und den Schnabel.

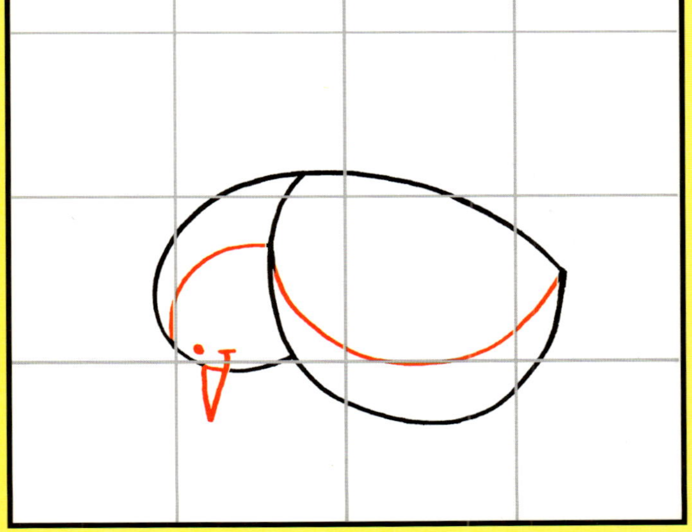

4 Jetzt fehlen nur noch der Schwanz und die Beine.

5 Kehle und Brust des Rotkehlchens sind rot, aber du kannst deinen Vogel natürlich auch in anderen Farben ausmalen.

Die Hausaufgaben

Stets die Hausaufgaben zu machen, um Klassenbester zu werden, ist eine gute Idee. Aber vergiß nicht, vor dem Abendessen auch ein wenig zu spielen.

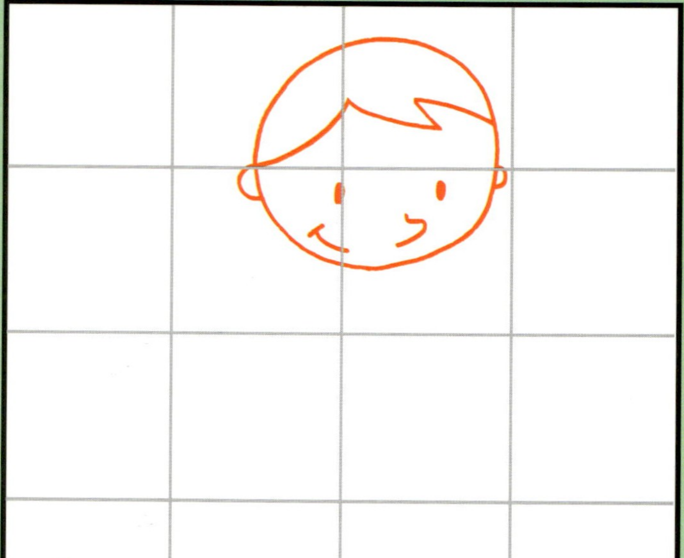

1 Male einen Kreis, in den du Augen, Nase und Mund einzeichnest. Vergiß die Ohren nicht!

2 Arme und Hände zeichnest du wie in der Vorlage ab – das Gitternetz hilft dir dabei.

③ Ergänze Bündchen und Kragen des Pullis, und ziehe eine Linie für die Tischkante.

④ Noch einige Striche für Stuhl und Tisch – und fertig ist deine Zeichnung.

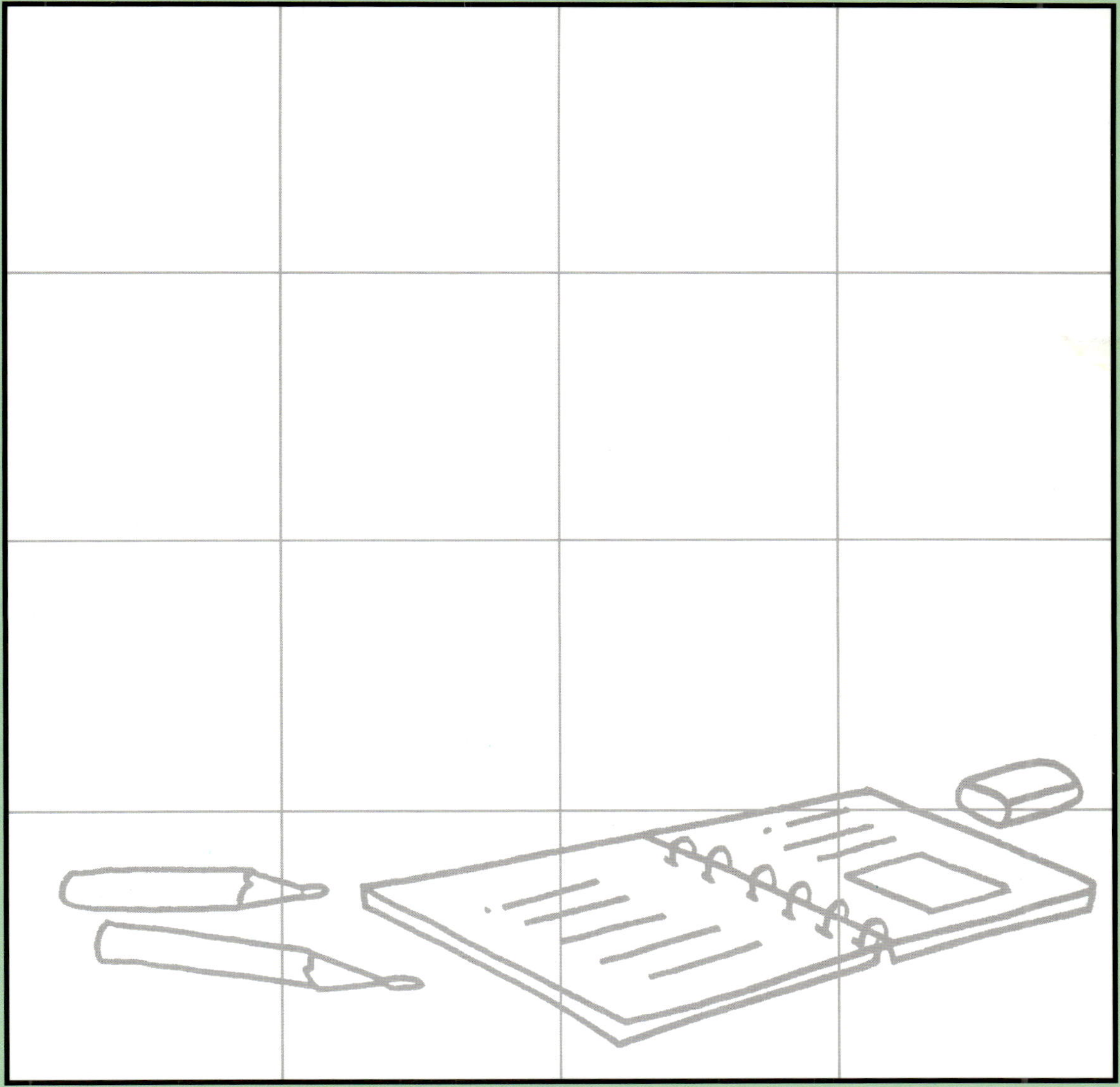

⑤ **Bevor du das Bild ausmalst, stelle dir vor, was sonst noch auf einem Schreibtisch liegt, und zeichne es ein.**

1 Zeichne zunächst diese beiden gebogenen Linien. Mit Hilfe des Gitternetzes kannst du sie an die richtige Stelle setzen.

2 Dann vervollständigst du den Umriß des Ohrs und ergänzt Augen, Mund und Schnauze.

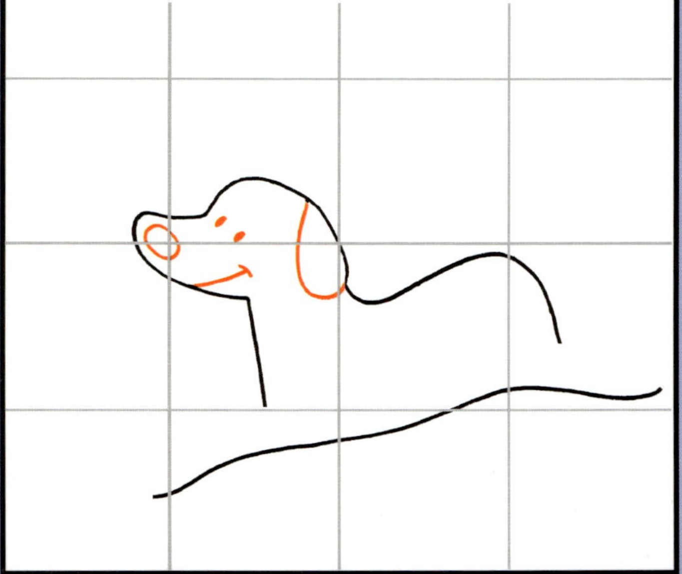

Der Hund Beppo

Beppo ist ein guter Wachhund, aber auch ein treuer Kamerad beim Spielen und Schmusen. Am liebsten spielt er mit seinen Dalmatiner-Freunden im Garten.

3 Um die beiden linken Pfoten zu zeichnen, setzt du an den ersten beiden Linien wieder an. Dann folgt das Halsband.

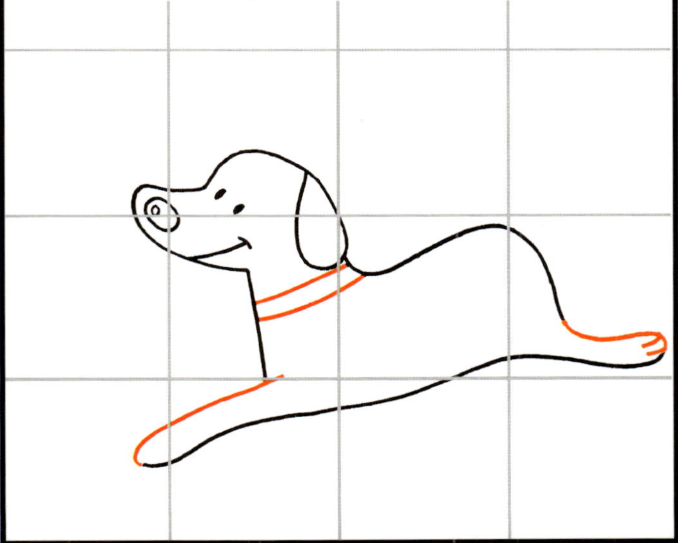

4 Nun mußt du nur noch die rechten Pfoten hinzufügen, die Schnalle des Halsbandes und den Schwanz.

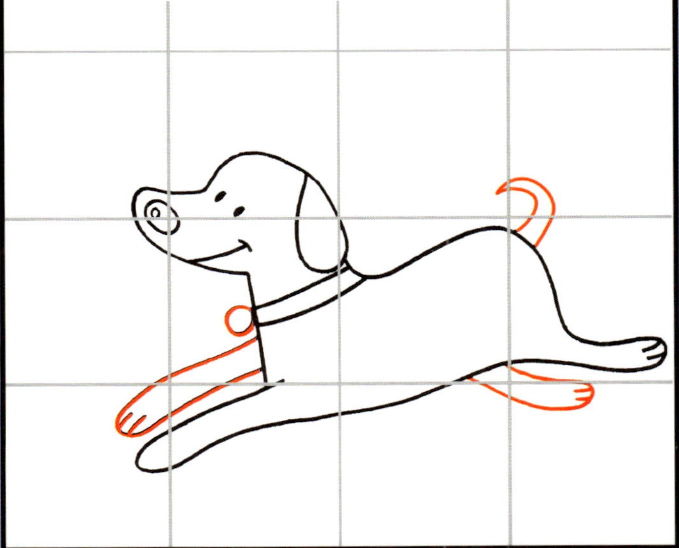

5 Wenn dein Hund ein Dalmatiner sein soll, mußt du sein Fell mit schwarzen Flecken versehen. Dann kannst du das Bild ausmalen.

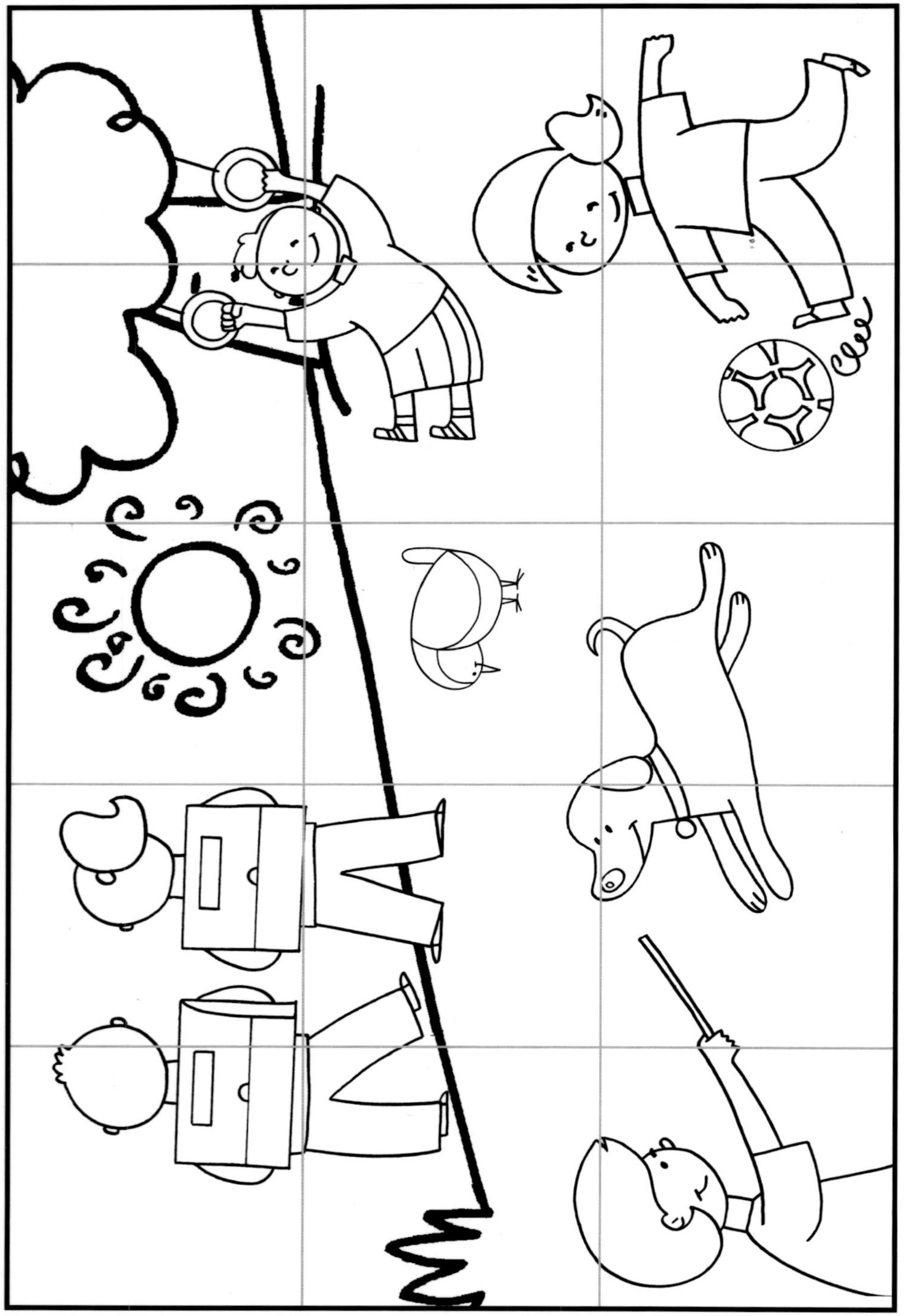

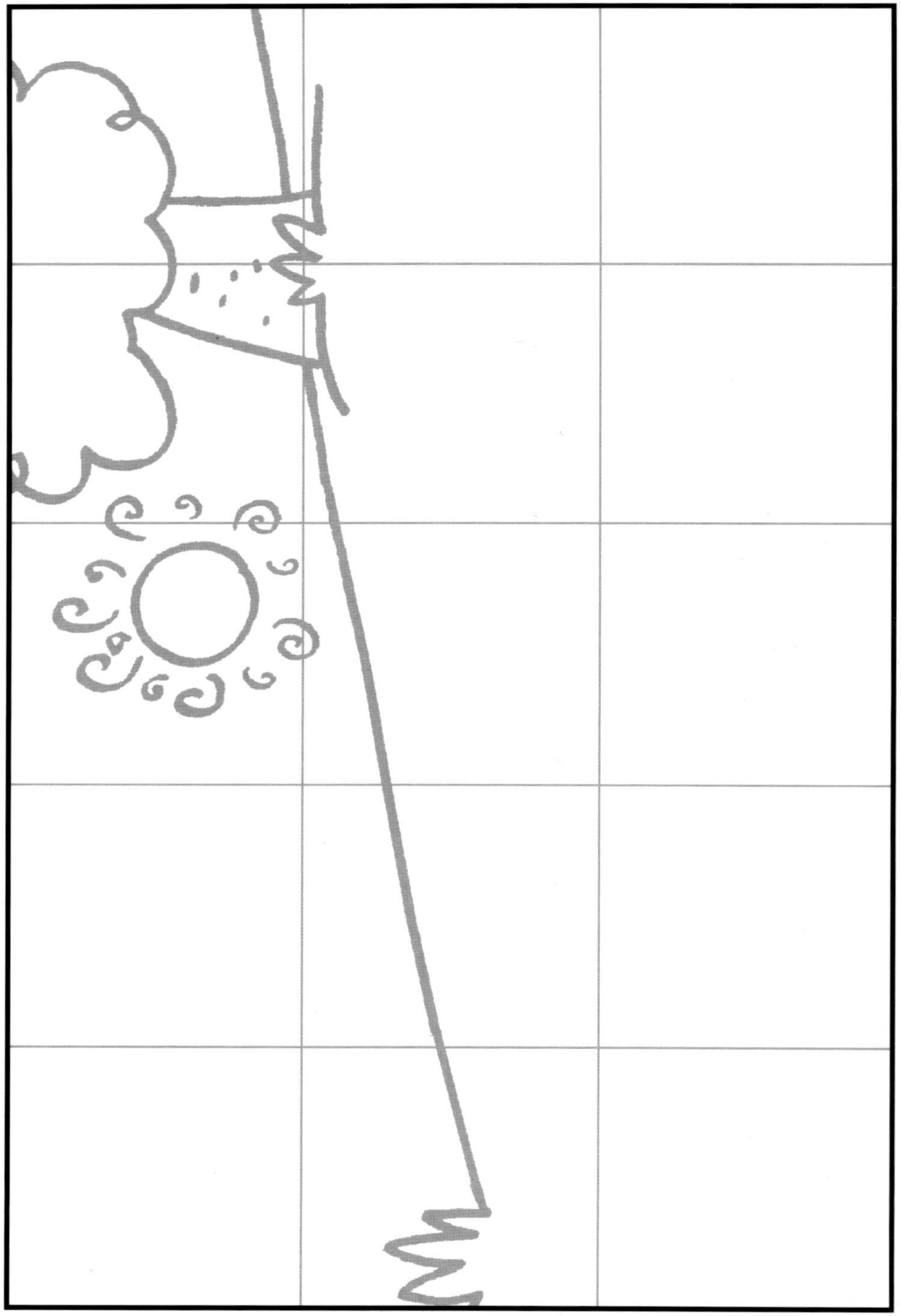